Cómo contener el fuego

Contain the Flame

por/by Jill Urban Donahue   ilustrado por/illustrated by Bob Masheris

Un agradecimiento especial a nuestros asesores por su experiencia/
Special thanks to our advisers for their expertise:

Dave Pederson, Guardabosques Sénior /Senior Ranger,
Phillippo Scout Reservation Northern Star Council, Cannon Falls, Minnesota

Terry Flaherty, PhD, Profesor de Inglés/Professor of English
Universidad del Estado de Minnesota, Mankato/Minnesota State University, Mankato

PICTURE WINDOW BOOKS
a capstone imprint

Editor: Jill Kalz
Translation Services: Strictly Spanish
Designer: Abbey Fitzgerald
Bilingual Book Designer: Eric Manske
Production Specialist: Sarah Bennett
Art Director: Nathan Gassman
Associate Managing Editor: Christianne Jones
The illustrations in this book were created digitally.

Picture Window Books
151 Good Counsel Drive
P.O. Box 669
Mankato, MN 56002-0669
877-845-8392
www.capstonepub.com

 All books published by Picture Window Books
are manufactured with paper containing at least
10 percent post-consumer waste.

Library of Congress Cataloging-in-Publication Data
Donahue, Jill L. (Jill Lynn), 1967-
  [Contain the flame. Spanish & English]
  Cómo contener el fuego = Contain the flame / por Jill Urban
Donahue ; ilustrado por by Bob Masheris.
  p. cm.–(Picture Window bilingüe. Cómo mantenernos seguros =
Picture Window bilingual. How to be safe)
  Summary: "Provides information about fire safety tips—in both
English and Spanish"—Provided by publisher.
  Includes index.
  ISBN 978-1-4048-6887-8 (library binding)
  1. Wildfires—Prevention and control—Juvenile literature. 2.
Campfires—Safety measures—Juvenile literature. I. Masheris,
Robert, ill. II. Title. III. Title: Contain the flame.
SD421.23.D6618 2012
634.9'618–dc22
                    2011001334

Printed in the United States of America in North Mankato, Minnesota.
032011   006110CGF11

Campfires can be a lot of fun! They can toast your marshmallows and keep you warm. But they can also be dangerous. If you follow outdoor fire safety rules, you can make sure everyone has a great time.

¡Las fogatas pueden ser muy divertidas! Puedes tostar tus malvaviscos y mantenerte caliente. Pero también pueden ser peligrosas. Si sigues las reglas de seguridad para las fogatas al aire libre, puedes asegurarte que todos pasen un rato agradable.

Rico and his family choose a spot for their campfire. They pick a place that is out in the open. It is far away from trees, brush, and tents. Rico's family wants to be safe.

Rico y su familia escogen un lugar para su fogata. Ellos escogen un lugar abierto. Está lejos de árboles, arbustos y tiendas de acampar. La familia de Rico quiere mantenerse segura.

Safety Tip

Before building a fire in a campground or park, check the rules. Different places have different rules about what kind of wood you can burn.

Consejo de seguridad

Revisa las reglas antes de hacer una fogata en un campamento o parque. Cada lugar tiene reglas diferentes respecto al tipo de madera que se puede encender.

Rico's sister, Rita, gathers rocks. She puts them around the campfire area. The rocks will help to keep the fire in one place.

Safety Tip

Pick up any branches or leaves near the campfire area. That way, nothing will burn if a spark jumps out of the fire.

Consejo de seguridad

Levanta las ramas u hojas que estén cerca del área de la fogata. De esta manera, si salta alguna chispa fuera de la fogata, nada se quemará.

Rita, la hermana de Rico, reúne piedras. Ella las coloca alrededor del área de la fogata. Las piedras ayudarán a mantener el fuego en un mismo lugar.

Rico walks to the lake. He fills a bucket with water. If the campfire gets too big, Rico and his family can use the water to put out the fire.

Rico camina hacia el lago. Él llena una cubeta con agua. Si la fogata crece demasiado, Rico y su familia pueden usar el agua para apagar el fuego.

Safety Tip

Keep a bucket of sand and a shovel nearby.
You can throw the sand on the fire to put
it out. Use the shovel to dig up more sand
or dirt as needed.

Consejo de seguridad

Ten a la mano una cubeta con arena y una
pala. Puedes lanzar la arena sobre el fuego
para apagarlo. Usa la pala para cavar y
obtener más arena o tierra si se necesita.

Mom gets ready to light the campfire. She crumples newspaper into balls. She stacks dry twigs and sticks around them. Rico and Rita watch from outside the fire ring.

Mamá se prepara para encender la fogata. Ella arruga hojas de periódico para formar bolas. Ella apila madera y ramas secas a su alrededor. Rico y Rita observan desde fuera del círculo de la fogata.

As the campfire grows, Dad adds bigger sticks to it.
He keeps the extra wood away from the fire.

Safety Tip

Don't let your fire get too big. The flames
should be no higher than your waist.

Consejo de seguridad

Nunca dejes que la fogata se haga muy
grande. Las llamas no deben ser más altas
que tu cintura.

A medida que la fogata crece, Papá le añade madera más grande. Él mantiene la leña adicional lejos de la fogata.

Rita is hungry for toasted marshmallows. She and Dad go looking for long, straight sticks. Rico and Mom stay with the campfire.

Rita quiere comer malvaviscos tostados. Ella y Papá van a buscar palos largos y rectos. Rico y Mamá se quedan cerca de la fogata.

Safety Tip

Make sure at least one person stays with your campfire at all times.

Consejo de seguridad

Asegúrate que al menos una persona esté siempre pendiente de la fogata.

Other campers join Rico's family. Rico and Rita make sure their new friends don't get too close to the fire.

Otros campistas se unen a la familia de Rico. Rico y Rita se aseguran que sus nuevos amigos no se acerquen demasiado al fuego.

Safety Tip

If your clothes catch on fire, you must stop, drop, and roll. Stop moving, drop to the ground, cover your face with your hands, and roll to put out the flames.

Consejo de seguridad

Si tu ropa se prende fuego, debes detenerte, tirarte al suelo y rodar. Deja de moverte, tírate al suelo, cúbrete la cara con las manos y rueda para apagar las llamas.

A strong wind starts to blow. Windy weather can make campfires very dangerous. Sparks may fly far beyond the fire ring.

Un viento fuerte comienza a soplar. El aire puede hacer que las fogatas sean muy peligrosas. Las chispas pueden volar lejos del círculo de la fogata.

Rico helps Dad put out the campfire. They pour water over the logs. They throw scoops of dirt on top. Soon, the fire is out. Rico and his family are careful with fire. They are safe campers!

Rico ayuda a Papá a apagar la fogata. Ellos vierten agua sobre los troncos. Arrojan paladas de tierra encima. Pronto, el fuego se apaga. Rico y su familia son cuidadosos con el fuego. ¡Ellos son campistas seguros!

Internet Sites

FactHound offers a safe, fun way to find Internet sites related to this book. All of the sites on FactHound have been researched by our staff.

Here's all you do:

Visit www.facthound.com

Type in this code: 9781404868878

Index

Sitios de Internet

FactHound brinda una forma segura y divertida de encontrar sitios de Internet relacionados con este libro. Todos los sitios en FactHound han sido investigados por nuestro personal.

Esto es todo lo que tienes que hacer:

Visita www.facthound.com

Ingresa este código: 9781404868878

Índice